BEI GRIN MACHT SICH IHR WISSEN BEZAHLT

- Wir veröffentlichen Ihre Hausarbeit, Bachelor- und Masterarbeit

- Ihr eigenes eBook und Buch - weltweit in allen wichtigen Shops

- Verdienen Sie an jedem Verkauf

Jetzt bei www.GRIN.com hochladen und kostenlos publizieren

Gruppendruck, Ängstlichkeit und Angststörungen sowie Einstellungsbildung und -änderung

Bibliografische Information der Deutschen Nationalbibliothek:

Die Deutsche Nationalbibliothek verzeichnet diese Publikation in der Deutschen Nationalbibliografie; detaillierte bibliografische Daten sind im Internet über http://dnb.d-nb.de abrufbar.

ISBN: 9783346481948
Dieses Buch ist auch als E-Book erhältlich.

© GRIN Publishing GmbH
Nymphenburger Straße 86
80636 München

Druck und Bindung: Books on Demand GmbH, Norderstedt Germany
Gedruckt auf säurefreiem Papier aus verantwortungsvollen Quellen

Das vorliegende Werk wurde sorgfältig erarbeitet. Dennoch übernehmen Autoren und Verlag für die Richtigkeit von Angaben, Hinweisen, Links und Ratschlägen sowie eventuelle Druckfehler keine Haftung.

Das Buch bei GRIN: https://www.grin.com/document/1117520

Einsendeaufgabe

Alternative C1, C2, C3

Online hochgeladen 01. Juli 2021

SRH Fernhochschule

Modul: Persönlichkeits- und Sozialpsychologie

Studiengang: (M.Sc.) Wirtschaftspsychologie, Leadership und Management

Studiengang: (M.Sc.) Wirtschaftspsychologie, Leadership und Management

I

Inhaltsverzeichnis

Abkürzungsverzeichnis

z.B.	-	zum Beispiel
bzw.	-	beziehungsweise
d.h.	-	das heißt
EMAS	-	Endler Multidimensional Anxiety Scales
engl.	-	englisch
etc.	-	et cetera / und so weiter
lat.	-	lateinisch
STAI	-	State-Trait-Angst-Inventar
u.v.m.	-	und vieles mehr

Abbildungsverzeichnis

1. Aufgabe C1 – Gruppendruck und Entscheidungsprozesse

1.1. Theoretischer Hintergrund

Die Sozialpsychologie beschäftigt sich mit der Erklärung menschlichen Denkens, Verhaltens und Erlebens.[1] Ein zentraler Forschungsbereich in der Sozialpsychologie beschäftigt sich mit dem sozialen Einfluss – anfänglich motiviert durch den Wunsch Verbrechen (z.B. der Holocaust im zweiten Weltkrieg) zu erklären und künftig zu verhindern.[2] Von besonderem Interesse ist dabei die Wirkung der Gruppe, denn begegnen sich Menschen, ist dies eine Situation, in der sich das einzelne Individuum nicht wie eine Einzelperson verhält, sondern es verhält sich als ein Mitglied einer sozialen Gruppe und ist somit aktiv an der spezifischen, nach innen und außen wirkenden Dynamik der Gruppe beteiligt.[3] Dieses Kernthema der sozialpsychologischen Forschung, die Prozesse sozialen Einflusses erklären zu können, führte auch zur Frage, wie die eigenen Urteile durch andere Personen beeinflusst werden können[4]. Wirkt eine Person oder Gruppe auf Gefühle, Gedanken und Verhalten eines Individuums oder einer Gruppe ein, wird dies als sozialer Einfluss verstanden.[5] Dabei können zwei Formen des sozialen Einflusses voneinander unterschieden werden: Der informative soziale Einfluss, bei dem das Motiv der Person im Vordergrund steht, die mehrheitliche Gruppenmeinung als Informationsquelle zu nutzen (z.B. als Entscheidungshilfe) und der normative soziale Einfluss, bei dem das Motiv im Vordergrund steht, von der Gruppe anerkannt, akzeptiert und gemocht zu werden – deshalb richtet sich die Person in ihrem Verhalten nach der mehrheitlichen Meinung, um negative Folgen zu vermeiden.[6] Den sozialen Normen kommt also eine bedeutende Rolle zu, denn sie besagen durch ihre expliziten oder impliziten Gruppenregeln, wie sich die Gruppenmitglieder zu verhalten haben. Werden diese sozialen Normen durch sogenannte Abweichler verletzt, kann dies zu negativen Konsequenzen, dem sogenannten Gruppendruck führen.[7] Angepasstheit, d.h. Konformität kann dann wichtiger als die neutrale Betrachtung der Tatsachen sein. [8]

1.2 Konformitätsexperiment von Asch

Der Sozialpsychologe Solomon Asch hat in den 50er Jahren des letzten Jahrhunderts Experimente zum normativen sozialen Einfluss durchgeführt, mithilfe derer gezeigt

[1] Vgl. *Kessler/Fritsche* (2018), S. 3.
[2] Vgl. *Fischer* et al. (2018), S. 163.
[3] Vgl. *Thomas* (1992), S. 6.
[4] Vgl. *Kessler/Fritsche* (2018), S. 7.
[5] Vgl. *Fischer* et al. (2018), S. 164.
[6] Vgl. *Fischer* et al. (2018), S. 164.
[7] Vgl. *Orth/Koch* (2018), S. 19.
[8] Vgl. *Fischer* et al. (2018), S. 156, S. 173.

werden konnte, dass die eigene Urteilsbildung selbst durch ein offensichtlich falsches Urteil einer Mehrheit beeinflusst werden kann. [9]

1.2.1 Zentrale Befunde der Experimente von Asch

In seinen klassischen Experimenten zum Gruppendruck gab er Probanden Wahrnehmungsaufgaben: Es wurde eine gerade Linie (Standardlinie) gezeigt und die Probanden sollten drei weitere Linien (Vergleichslinien) hinsichtlich der Länge miteinander vergleichen und sich für eine Linie entscheiden, die ihrer Wahrnehmung nach der Standardlinie entsprach. Diese Aufgabe wurde in einer Gruppe, bestehend aus acht Personen, durchgeführt. In dieser Gruppe war jedoch ausschließlich eine Person die tatsächliche Testperson, denn die weiteren sieben Personen waren verbündete Komparsen, die den Auftrag hatten, der Standardlinie absichtlich eine falsche Vergleichslinie zuzuordnen. Nachdem die Testperson das einheitlich falsche Urteil der sieben Vorgänger hörte, antwortete der Proband häufig ebenfalls falsch. Hatten die Komparsen nicht den Auftrag, falsche Warnehmungsurteile abzugeben, dann war die Fehlerquote bei den Probanden im Vergleich auffallend gering. [10]

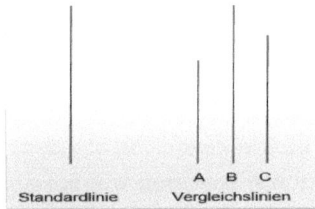

Abbildung 1: Beispiel für den Linienvergleich des Experiments von Asch (eigene Darstellung)

In der Experimentalgruppe antworteten 76 Prozent der Probanden gemäß der Mehrheitsmeinung falsch. In einer Kontrollgruppe, in der die Urteile von Anfang an schriftlich abgegeben werden mussten, antworteten 95 Prozent der Testpersonen richtig. [11] Die Anzahl der Personen, die nie konform mit der Gruppe gingen, lag bei allen Durchläufen etwa bei 25 Prozent. [12] Weitere Studien wurden mit veränderten Faktoren durchgeführt: Die Größe der einstimmigen Mehrheit wurde erhöht, die Anwesenheit einer Person, die sich nicht der Mehrheitsmeinung anschloss wurde hinzugefügt und die Größe der physischen Abweichung zwischen von der Gruppe gewählter und korrekter Liniengröße wurde erhöht. Es konnte festgestellt werden, dass bei einstimmiger Mehrheit von 3-4 Personen bereits starke Konformitätseffekte hervorgerufen werden und

---

[9] Vgl. *Fischer* et al. (2018), S. 165.
[10] Vgl. *Asch* (1956), S. 9-11.
[11] Vgl. *Orth/Koch* (2018), S. 21.
[12] Vgl. *Gerrig* (2018), S. 662.

diese nicht zunehmen, wenn sich veränderten Faktoren weiter erhöhen.[13] Außerdem fiel auf, dass der Konformitätsdruck höher war, desto wichtiger die Gruppe für die Testperson war und dass dieser durch die unmittelbare Anwesenheit der Gruppe erhöht wurde.[14] Am Ende der Studie wurden die Probanden nach den Gründen für ihre Falschantworten befragt. Einige der Testpersonen gaben an, dass sie tatsächlich von ihrer vermeintlich richtigen Auswahl überzeugt waren.

1.2.2 Einflussfaktoren für Konformität

Durch die Studien von Asch konnten Einflussfaktoren für Konformität identifiziert werden:[15] Individuen können tatsächlich daran glauben, dass die offensichtlich falsche Meinung der Gruppe korrekt ist – ihre physische Wahrnehmung wird durch die Konformität beeinflusst. Diese Personen schließen sich nicht nur der Meinung an, sondern stimmen ihr innerlich zu - dies wird auch als Konversion oder private Akzeptanz bezeichnet. Sie erleben die Gruppe außerdem als zuverlässige, nützliche Informationsquelle (informativer sozialer Einfluss). Diejenigen, die ihre Meinung der Mehrheit anpassen, um keine negativen Folgen aus der Gruppe zu erleiden, werden durch den normativen sozialen Einfluss gelenkt. Eine Zustimmung erfolgt nicht aufgrund einer inneren Überzeugung, sondern rein äußerlich. Dies wird auch als öffentliche Compliance bezeichnet. Außerdem steigt die Konformität durch die unmittelbare Anwesenheit der Gruppe. Ein weiterer Einflussfaktor für die Konformität ist die wahrgenommene Wichtigkeit der Gruppe – je größer diese ist, desto größer ist auch die Konformität. Starke Konformitätseffekte können durch eine einstimmige Mehrheit von drei bis vier Personen erfolgen. Und sobald bereits eine verbündete Person in der Gruppe anwesend ist, die von der Mehrheitsmeinung abweicht, verringert sich auch die Konformität deutlich.[16]

1.3 Konformität: Negative Auswirkungen der Einflussfaktoren auf betriebliche Entscheidungsprozesse anhand konkreter Beispiele

In einem Unternehmen soll ein neues Produkt entwickelt werden. Das Produktentwicklungsteam plant dafür ein Projekt, in diesem Zusammenhang müssen Kernfragen beantworten und entschieden werden: Was soll erreicht werden? Wann soll das Projekt starten/enden? Welche Aufgaben übernehmen die Projektmitarbeiter*innen? Welche Fachexpert*en*innen müssen eingebunden werden? Gibt es Bedenken?

---

[13] Vgl. *Orth/Koch* (2018), S. 21.
[14] Vgl. *Fischer* et al. (2018), S. 166.
[15] Vgl. *Fischer* et al. (2018), S. 166.
[16] Vgl. *Gerrig* (2018), S. 661.

Im Team kann der normative soziale Einfluss dazu führen, dass sich Teammitglieder davor fürchten, öffentlich eine Meinung zu vertreten, die nicht der Mehrheitsmeinung entspricht. Beispielsweise hat das Team eine bestimmte Vorstellung über die Zielerreichung, die ein Teammitglied nicht teilt. Aus Angst davor, als Abweichler dazustehen, hält die andersdenkende Person ihre Meinung zurück. Dies kann auch dann passieren, wenn es im Team Kommunikationsschwierigkeiten gibt, denn es könnte dazu führen, dass aufgrund des Gruppendrucks nur Zustimmungen erfolgen, damit kein Konflikt entsteht. Oder eine Person im Team kann aufgrund ihres Migrationshintergrundes und ihrer Sprachbarriere in der Gruppe nicht ihr Expertenwissen verbalisieren, möchte aber eigentlich eine bestimmte Spezialaufgabe im Team übernehmen. Weil dieses Teammitglied Angst vor Ablehnung hat, verzichtet es darauf, sich als Experte darzustellen. Das Team würde somit Gefahr laufen, nicht die kompetenteste Person für die Aufgabe zu wählen. In allen genannten Fällen kann dem Unternehmen durch den normativen sozialen Einfluss ein erheblicher Schaden entstehen, denn möglicherweise gehen hilfreiche und wertvolle Informationen für den Entscheidungsprozess und Expertenwissen verloren.

Wenn ein Vorgesetzter im Team eine betriebliche Entscheidung fällt, von dem einige Wenige nicht überzeugt sind, kann die Umsetzung der Entscheidung erschwert sein. Der Vorgesetzte bildet die Minderheit in der Gruppe und ordnet als vorgesetztes Teammitglied etwas an. Die ordnungsgemäße Umsetzung könnte die übrige Gruppe aufgrund des Konformitätszwanges jedoch boykottieren, denn bereits Minderheiten können auf die Meinungsbildung der übrigen Teammitglieder einwirken, was schließlich zu aktivem und passivem Widerstand führen kann.

Ein weiterer negativer Effekt wäre, dass es dazu kommen könnte, dass die Mehrheitsmeinung der Gruppe im Entscheidungsprozess offensichtlich falsch ist. Unbewusst kann dies dazu führen, dass zunächst an der Korrektheit der Entscheidung zweifelnde Teammitglieder tatsächlich von der Richtigkeit überzeugt werden, da sich ihre physische Wahrnehmung ändert. Dies wäre für das Unternehmen fatal, da es zu grundsätzlich falschen Entscheidungen führen würde, die eine gelingende Produktentwicklung und wettbewerbsfähige Markteinführung gefährden könnten.

Ebenso kann sich der informative soziale Einfluss negativ auswirken, denn es könnte dazu kommen, dass sich eine Person des Produktenwicklungsteams der Mehrheitsmeinung anpasst, weil sie damit persönliche Vorteile für sich erfährt und nicht, weil sie von dieser Meinung überzeugt ist. Das Team sieht sich möglicherweise in besonderem Maße durch diesen Opportunisten unterstützt, wodurch sie diese Person als den Richtigen für übergeordnete Teamaufgaben identifiziert. So könnte sich z.B. das betreffende Teammitglied nur deswegen für eine Entscheidung nur aussprechen, weil dadurch eine Aufstiegschance als Projektmanager möglich wäre. Auch hier kann der Schaden für das Unternehmen erheblich sein, da möglicherweise der Entscheidungsprozess aufgrund individueller Interessen einzelner Akteure manipuliert wäre.

1.4 Diskussion: Maßnahmen zur Linderung negativer Konformitätseffekte und Gestaltung von konstruktiven, betrieblichen Entscheidungsprozessen

Eine Linderung negativer Effekte könnte durch transparente interne Normen erreicht werden. Damit alle Teammitglieder die Regeln der Gruppe kennen, ist es nötig, dass diese kommuniziert und allen transparent dargelegt werden. Diese Transparenz könnte dazu beitragen, dass bei den einzelnen Teammitgliedern die Angst vor der Gruppe abgebaut und die Mitarbeit im Team für alle Personen erleichtert wird. Ein weiterer positiver Effekt könnte sein, dass dadurch auch andersartige Meinungen öffentlich vertreten werden könnten.

Vorgesetzte sollten einflussreiche Teammitglieder für sich gewinnen. Einerseits um aktiven Widerstand und Boykott zu verhindern und andererseits damit diese Person das Vorhaben der Führungskraft aktiv unterstützt. Denn bereits durch eine verbündete Person können unerwünschte Konformitätseffekte dadurch verringert werden, dass diese Person einen direkten erwünschten/positiven Einfluss auf die übrigen Teammitglieder ausübt, wodurch die Wahrscheinlichkeit erhöht wird, dass sich die Mitglieder des Teams dem Vorgesetzten anschließen. Hilfreich ist es auch, eine Person für sich zu gewinnen, die aus einer kollektivistischen Kultur stammt, denn deren Mitglieder neigen dazu individuelle Ziele den Gruppenzielen unterzuordnen.[17] Sie akzeptieren die Urteile anderer Personen eher als diejenigen, die aus individualistischen Kulturen stammen, denn diese Menschen betonen individuelle Ziele und Leistungen stärker.[18] Verknüpft man diese Vorgehensweise zur Linderung negativer Effekte mit den Schritten des betrieblichen Entscheidungsprozesses nach Malik, kann daraus ein konstruktiver betrieblicher Entscheidungsprozess geformt werden: Die Prozessschritte würden dem Team vorab stets transparent dargelegt werden. Außerdem würde über den gesamten Zeitraum in jedem Prozessschritt eine für alle nachvollziehbare Diskussion stattfinden.

Ein Wechsel von Methoden für die Teamdiskussion würde dazu führen, dass negative Konformitätseffekte reduziert werden. Dazu zählen beispielsweise, dass die Rolle des*der Sprecher*s*in vorab zugeteilt wird und somit die argumentative Vertretung der Pro- oder Contra-Seite bestimmt wird, ohne dass sich hierfür Sprecher*innen finden

---

[17] Vgl. *Hewstone/Martin* (2014), S. 287.
[18] Vgl. *Hewstone/Martin* (2014), S. 739.

müssten, die sich selbst dafür in den Vordergrund der Gruppe stellen. Außerdem findet ein Perspektivwechsel statt, denn der*die Sprecher*in muss im Verlauf des Entscheidungsprozesses auch absichtlich die Gegenposition vertreten und diese verargumentieren. Gegenargumente sind über den gesamten Prozess gewollt und sollten innerhalb der Gruppe absichtlich formuliert werden. Die schriftliche Erhebung von Meinungen führt zudem dazu, dass die Teammitglieder ihre persönliche Einstellung ohne Beeinflussung der übrigen Teammitglieder vertreten können.

Zur Verdeutlichung wird dies anhand der Entscheidungsprozess-Schritte nach Malik dargelegt, die dem Team vor Beginn des aktiven Entscheidungsprozesses erläutert werden: Zuerst erfolgt die „Präzise Bestimmung des Problems"[19]. Die Frage, worum es wirklich geht – ohne Vermutungen und Behauptungen -, beherrscht die Diskussion im Team.[20] Dabei werden alle Aussagen genau begründet und die Befürworter*innen beschreiben nun das zu lösende Problem, wobei die Gegenseite überprüft, ob das Problem ausreichend exakt beschrieben wurde. Dadurch wird das Problem, an dessen Lösung gearbeitet werden soll, präzisiert. In der folgenden „Definition der Spezifikationen"[21] wird herausgearbeitet, welche Anforderungen die Entscheidung erfüllen muss und die weitere Diskussion orientiert sich daran, abzuklären, was richtig oder nicht richtig wäre.[22] Die Diskussion führen zufällig ausgeloste Sprecher*innen, die die Aufgabe haben, jeweils ‚ihre' Pro- oder Contra-Seite zu vertreten und für sie zu argumentieren. Der daran anschließende Schritt ist die „Suche nach Alternativen"[23], die „Analyse der Risiken und Folgen für jede Alternative und die Feststellung von Grenzbedingungen"[24]. Um richtige Entscheidungen treffen zu können, müssen alle Alternativen abgewogen werden, damit die Grenzen einer realistischen Umsetzung festgestellt werden können. Dabei kommt es gewollt zum Verwerfen von Ideen und zwar so lange, bis eine gute Alternative gefunden wurde:[25] Die Contra-Seite beginnt damit, ihre Alternative zu verteidigen, wobei die Mitglieder der Pro-Seite den Versuch unternehmen, die Vorteile der aktuellen Situation darzulegen und zu zeigen, dass Änderungen zu neuen Problemen führen würden. Der „Entschluss selbst"[26] wird schließlich vom Team gefasst und nun stellt das gesamte Team seinen Beschluss argumentativ dar, wobei alle Mitglieder zu Wort kommen müssen und ihren Standpunkt einem Entscheider erörtern, der letztendlich auch die Entscheidung fällt.[27]

---

[19] *Malik* (2014), S. 206.
[20] Vgl. *Malik* (2014), S. 206-209.
[21] *Malik* (2014), S. 206.
[22] Vgl. *Malik* (2014), S. 209-210.
[23] *Malik* (2014), S. 210.
[24] *Malik* (2014), S. 206.
[25] Vgl. *Malik* (2014), S. 210-213.
[26] *Malik* (2014), S. 206.
[27] Vgl. *Malik* (2014), S. 220.

Schlussendlich wird die Realisierung der zuvor gefällten Entscheidung diskutiert.[28] Dazu werden detaillierte Maßnahmen schriftlich fixiert, verantwortliche Personen für die einzelnen Maßnahmen festgelegt und Termine vereinbart.[29] Alle Ideen werden durch die Personen im Team auf Karteikarten geschrieben, im Anschluss daran wird eine schriftliche, nicht öffentliche Abstimmung der Maßnahmen stattfinden und damit die zuvor getroffenen Entscheidungen realisiert.

2. Aufgabe C2 – angstbezogene Störungsbilder und zwanghafte Persönlichkeitsstörung

2.1 Begriffsdefinitionen

2.1.1 Angst

Die Angst zählt zu den menschlichen Primäremotionen[30]. Es handelt sich um ein subjektives Empfinden[31], das ausgelöst wird, wenn ein Individuum eine Gefahr wahrnimmt[32], wodurch auch vegetative Begleiterscheinungen[33], wie Zittern, Schwitzen, Atemnot und Erhöhung des Blutdrucks, verursacht werden.

Aus psychoanalytischer Sicht können nach Freud drei Formen der Angst differenziert werden, denen alle ein innerpsychischer Konflikt zugrunde liegt, der vom Individuum als bedrohlich empfunden wird: Die Realangst, die sich aufgrund einer tatsächlichen, wirklich drohenden Gefahr einstellt.[34] Dann die neurotische Angst, dessen Auslöser zwar real ist, die Angst jedoch unverhältnismäßig und übermächtig groß ist, worin Freud das neurotische Element sieht.[35] Und schließlich die moralische Angst, die durch Schuld- oder Schamgefühle ausgelöst wird, weil gegen moralische Normen verstoßen wurde.[36]

2.1.2 Ängstlichkeit und Persönlichkeitseigenschaft/-merkmal

Spielberger grenzt im Gegensatz zu Freud von der Angst noch die Ängstlichkeit ab: Er definiert eine Zustandsangst (State-Angst, engl. ‚state‘ bedeutet Zustand), womit er einen vom Individuum bewusst wahrgenommenen emotionalen Zustand meint, der Reaktionen wie Anspannung, Nervosität, innere Unruhe und Besorgtheit hervorruft und die Angst als Eigenschaft (Trait-Angst, engl. ‚trait‘ bedeutet Eigenschaft), die von ihm

---

[28] Vgl. *Malik* (2014), S. 206.
[29] Vgl. *Malik* (2014), S. 216-218.
[30] Vgl. *Dorsch* (2021a), Vgl.
[31] Vgl. *Neukom* (2016), S. 68.
[32] Vgl. *Berzewski* (2009), S. 146.
[33] Vgl. *Neukom* (2016), S. 86.
[34] Vgl. *Freud* (1926), S. 16.
[35] Vgl. *Freud* (1926), S. 46.
[36] Vgl.*Freud* (1926), S. 38.

auch als Ängstlichkeit bezeichnet wird.[37] Mit der Ängstlichkeit wird zum Ausdruck gebracht, wie geneigt ein Individuum ist, eine Situation als Bedrohung zu bewerten, woraufhin es mit einem Anstieg der Zustandsangst reagiert.[38] Ängstlichkeit wird nach Spielberg als eine innerhalb der Person liegende Eigenschaft (Persönlichkeitseigenschaft/-merkmal) angesehen, die erst durch spezifische Stresssituationen aktiviert wird. Personen sind hochängstlich, wenn Sie mit Situationen konfrontiert werden, die zu ihrer Angstdisposition passen.[39] Dabei können auch objektiv wenig gefährliche und wenig bedrohliche Situationen als Bedrohung wahrgenommen werden.[40]

2.1.3 Neurotizismus und Persönlichkeitsfaktor

Aus der trait-Forschung kristallisierten sich Basis-Persönlichkeitsdimensionen heraus, die sogenannten ‚big fives‘ und eine dieser Dimensionen ist der ‚Neurotizismus‘.[41] […] **Neurotizismus** beschreibt die Neigung, verschiedene emotionale dysphorische Zustände zu erleben.“[42] Die Ängstlichkeit stellt dabei einen Faktor dieser Dimension dar.[43] Grundsätzlich werden Unterschiede in der Ausprägung eines Faktors der Persönlichkeitsdimension als Persönlichkeitsfaktor bezeichnet.[44]

2.2 Messung von Ängstlichkeit

Zur Messung der Ängstlichkeit wurde in den vergangenen Jahren eine Vielzahl von Verfahren entwickelt. Im Folgenden wird das State-Trait-Angst-Inventar (STAI) von Spielberger und die Endler Multidimensional Anxiety Scales (EMAS) vorgestellt. Sowohl Spielberger als auch Endler nehmen in ihren Angsttheorien eine bestimmte Form der Interaktion zwischen den Persönlichkeitsfaktoren und Situationsfaktoren an und sie sind der Meinung […] dass der emotionale Zustand (z.B. State-Angst) durch den entsprechenden Persönlichkeitsfaktor (Trait-Angst) und dem entsprechenden Situationsfaktor (Bedrohlichkeit) erzeugt wird.“[45] Persönlichkeitsfaktor und Situationsfaktor interagieren dabei synergetisch, d.h. sie verstärken sich gegenseitig und Ängstlichkeitsunterschiede der Personen wirken sich in bedrohlichen Situationen stärker

---

[37] Vgl. *Laux* (2008), S. 219.
[38] Vgl. *Laux* (2008), S. 219.
[39] Vgl. *Laux* (2008), S. 219-220.
[40] Vgl. *Dorsch* (2021c).
[41] Vgl. *Eckardt* (2017), S. 135.
[42] *Martin/Rief* (2020), S. 1208.
[43] Vgl. *Hensch/Strobel* (2020), S. 191.
[44] Vgl. *Dorsch* (2021b).
[45] *Schmitt/Altstötter-Gleich* (2010), S. 115.

9

aus als in nicht bedrohlichen Situationen. Unterschiede in der Bedrohlichkeit wirken sich bei ängstlichen Personen stärker aus als bei nicht ängstlichen Personen.[46]

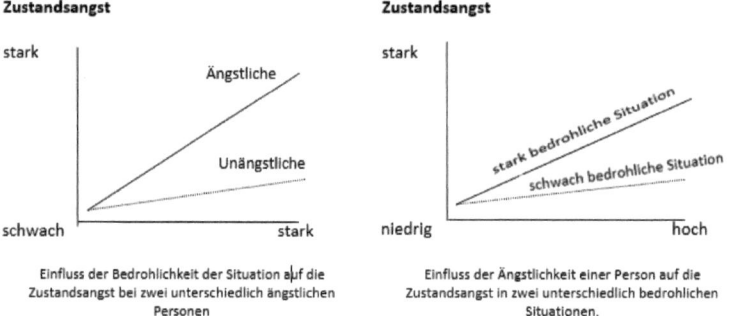

Abbildung 2: Interaktion zwischen Bedrohlichkeit der Situation und Ängstlichkeit einer Person in zwei Betrachtungsweisen (Eigene Darstellung nach Schmitt/Altstötter-Gleich[47])

2.2.1 STAI – State-Trait-Angst-Inventar

Spielberger entwickelte das Trait-State-Angst-Inventar (STAI), um Ängstlichkeit im Allgemeinen erfassen zu können[48]. Dafür operationalisierte er die Zustandsangst und die Angst als Eigenschaft (Ängstlichkeit) und erfasste in zwei getrennten Skalen jeweils 20 Feststellungen für beide Angstformen.[49] Die Testpersonen müssen sich selbst im Teil für die Trait-Angst so beschreiben, wie sie sich im Allgemeinen fühlen. In diesem Teil wird erhoben, wie häufig Angst erlebt wird. Für die State-Angst werden die Testpersonen gebeten wiederzugeben, wie sie sich momentan fühlen. Durch abgewandelte Instruktionen ist es auch möglich, vergangene Angstsituationen zu erfassen (z.B. Erfassung von Angst vor einem Test).[50] In beiden Skalen sind nicht nur angstbezogene Items enthalten, sondern auch Items, die die Abwesenheit von Angst beschreiben (z.B. Freude). Die Bewertung für die Trait-Angst wird mit einer Skala vorgenommen, die abgestuft werden kann von 1 (fast), 2 (manchmal), 3 (oft) bis 4 (fast immer). Die Einstufung der State-Angst wird ebenfalls mit einer Skala vorgenommen, die von 1 (überhaupt nicht) über 2 (ein wenig) und 3 (ziemlich) bis hin zu 4 (sehr) reicht.[51] Es konnte jedoch belegt werden, dass durch das State-Trait-Angst-Inventar die Angst als Eigenschaft, bzw. Ängstlichkeit im Allgemeinen nicht erhoben werden kann, denn es werden mit diesem Instrument nur ich-involvierende Situationen gemessen, d.h.

---

[46] Vgl. *Schmitt/Altstötter-Gleich* (2010), S. 115.
[47] Vgl. *Schmitt/Altstötter-Gleich* (2010), S. 115.
[48] Vgl. *Laux* (2008), S. 220.
[49] Vgl. *Laux* (2008), S. 219.
[50] Vgl. *Laux* (2008), S. 220.
[51] Vgl *Laux* (2008), S. 220.

Situationen, in denen der Selbstwert infrage gestellt oder beeinträchtigt wird. Deshalb kann mit dem STAI Ängstlichkeit gegenüber psychischer, aber nicht physischer Bedrohung erfasst werden.[52]

2.2.2 EMAS - Endler Multidimensional Anxiety Scales

Anders verhält es sich mit dem Instrument, das von Endler entwickelt wurde, den Endler Multidimensional Anxiety Scales (EMAS). In diesem Modell wird auch die psychische Bedrohung miteingeschlossen[53] und zwischen Zustandsangst (State-Angst) und Eigenschaftsangst (Trait-Angst) unterschieden, jedoch mit zwei wesentlichen Unterschieden zum STAI: Endler differenziert die Ängstlichkeit nach ihren Symptomen in kognitive Reaktionen (engl. Cognitive-Worry Scale) und autonome oder emotionale Reaktionen (engl. Automatic-Emotional Scale).[54] Außerdem wird bei der Erfassung der Angstneigung eine Unterscheidung von Situationstypen in soziale Bewertung, physische Gefahr, mehrdeutige (neue/fremdartige) Situationen und Alltägliches vorgenommen, wobei durch Letzteres eine Aussage über die Angstbereitschaft in nichtbedrohlichen Alltagssituationen ermöglicht wird.[55] Die Erhebung findet mit drei Skalen (State, Trait und Perception of Situation Scale) statt, die insgesamt 88 Feststellungen umfassen, die von der Testperson auf einer Skala von 1 (ganz und gar nicht) bis 5 (sehr viel) abgestuft werden kann.[56]

2.2.3 Selbstwertrelevante Ängstlichkeit

Die Psychologie hat weitere Fragebögen entwickelt, um Ängstlichkeit zu messen - wobei vor allem die selbstwertrelevanten Situationen, wie z.B. Prüfungsängstlichkeit, Redeängstlichkeit oder soziale Ängstlichkeit im Fokus stehen. In allen Ansätzen werden dabei ebenfalls, wie beim STAI oder EMAS die Persönlichkeitseigenschaften (Angstneigung) und Situationen als unabhängige Variablen verstanden, die auf das Ausmaß der Zustandsangst als abhängige Variablen entsprechend Einfluss nehmen.[57]

2.3 Abgrenzung: Zwangsstörungen und zwanghafte Persönlichkeitsstörung

2.3.1 Zwangsstörungen und zwanghafte Persönlichkeitsstörungen

Bei Persönlichkeitsstörungen sind die Persönlichkeitsmerkmale relevant, denn im Gegensatz zu durch äußere Krisen oder Stress verursachte Probleme, können

---

[52] Vgl. *Laux* (2008), S. 221.
[53] Vgl. *Laux* (2008), S. 221.
[54] Vgl. *Spektrum der Wissenschaft* (2021).
[55] Vgl. *Laux* (2008), S. 221.
[56] Vgl. *Spektrum der Wissenschaft* (2021).
[57] Vgl. *Laux* (2008), S. 222.

11

Schwierigkeiten im Alltag auch durch die Ausprägung der Persönlichkeitsmerkmale hervorgerufen werden.[58] Diese Persönlichkeitsmerkmale führen zu einer individuellen, stabilen Struktur der Verhaltens-, Denk- und Erlebensweisen.[59] Von einer Persönlichkeitsstörung kann aber erst dann die Rede sein, wenn diese Merkmale dazu führen, dass die Person subjektiv leidet oder sie spürbare psychosoziale Nachteile erfährt.[60] Zudem muss die Problematik über einen langen Zeitraum andauern, wiederholt sowie gleichförmig in vielen verschiedenen Situationen auftreten und darf nicht als Teil einer anderen psychischen Störung, bzw. durch die Einnahme psychotroper Substanzen auftreten.[61] Zur Diagnostik einer Persönlichkeitsstörung können zwei Klassifikationssysteme herangezogen werden, nämlich die ICD (International Statistical Classification of Diseases and Related Health Problems) sowie das DSM (Diagnostic and Statistical Manual of Mental Disorders).[62] Dabei wird die ICD eher im therapeutischen Kontext verwendet, da dieses Klassifikationssystem auch über die Krankenkassen abrechenbar ist und das DSM wird eher im wissenschaftlichen Kontext verwendet, da es klarer formulierte, besser fundierte diagnostische Kriterien enthält.[63]

Als Zwangsstörungen werden Krankheitsbilder bezeichnet, bei denen Zwangsgedanken und Zwangshandlungen im Vordergrund der Symptomatik stehen, wobei die Themen die den Zwang betreffen sehr unterschiedlich sein können (z.B. Ordnung, Waschen, Kontrolle).[64] Zwangsgedanken sind wiederkehrende Gedanken, Bilder und Impulse, die sich der betroffenen Person aufdrängen und in ihr Angst, Unruhe, Scham oder Ekel auslösen.[65] Typisch ist, dass sich die Gedanken meist um eintretende Gefahren drehen (z.B. sich oder andere zu verletzen, zu infizieren) und verbotene oder tabuisierte Inhalte (z.B. sexuelle, aggressive Zwangsgedanken) mit den intrapersonalen Werten und Überzeugungen der betroffenen Person im Konflikt stehen. Die betroffene Person erkennt diese Gedanken zwar als eigene, erkennt in der Regel, dass diese Gedanken übertrieben sind und versucht diese zu ignorieren oder zu unterdrücken.[66] Die betroffene Person erlebt die Zwangsstörung als quälend, meist als unsinnig und bedrohlich (Ich-dyston).[67] Auch durch Ablenkung oder andere Strategien kann der Zwang nicht vermieden werden und beim Versuch, sich dem Zwang zu widersetzen, tritt eine starke

---

[58] Vgl. *Barnow/Miano* (2020), S. 1300.
[59] Vgl. *Barnow/Miano* (2020), S. 1300.
[60] Vgl. *Lambert* (2021), S. 10.
[61] Vgl. *Becker* (2014), S. 51.
[62] Vgl. *Becker* (2014), S. 50.
[63] Vgl. *Becker* (2014), S. 50.
[64] Vgl. *Endrass/Dieterich* (2020), S. 1184.
[65] Vgl. *Endrass/Dieterich* (2020), S. 1184.
[66] Vgl. *Endrass/Dieterich* (2020), S. 1184.
[67] Vgl. *Schneider* (2017), S. 382.

innere Spannung mit vorherrschender Angst auf.[68] Bei der Zwangsstörung liegen multifaktorielle Ursachen und Entstehungsbedingungen vor, wie beispielsweise genetische (z.b. durch Vererbung) oder neurobiologische Faktoren (z.b. verortet in einer fehlerhaften Verschaltung der neurologischen Signalübertragung im Gehirn), auch Umwelteinflüsse (z.b. Geburtskomplikationen) können verantwortlich sein. [69]

Die anankastische (**zwanghafte**) **Persönlichkeitsstörung** wird von der betroffenen Person im Unterschied zur Zwangsstörung als berechtigt und sinnvoll erlebt, d.h. sie passen zur Persönlichkeit (Ich-synton).[70] Der Psychologe Millon beschreibt die Betroffenen einer zwanghaften Persönlichkeitsstörung als von schweren inneren Konflikten Geplagte, die den Konflikten nicht entkommen können, da sie ein intrinsischer Teil ihrer selbst sind, und deren Konflikte auch nicht durch äußeres Zutun gelöst werden können.[71] Nach seiner Ansicht handelt es sich dabei um einen stetigen Zwiespalt des Für und Wider, dem die betroffene Person kaum entrinnen kann und worin das pathologische Moment der zwanghaften Persönlichkeitsstörung liegt - nämlich in ihrem Unvermögen, diesen Konflikt adäquat zu lösen.[72] Nach Millon zeigen Personen mit einer zwanghaften Persönlichkeitsstörung eine außergewöhnliche Konsistenz sowie eine starre und unveränderliche Gleichförmigkeit in allen wichtigen Einstellungen, weil sie den Drang nach Autonomie und Unabhängigkeit unterdrücken. Sie fügen sich den Zwängen und Regeln, die von anderen aufgestellt werden, doch Ihre Zurückhaltung ist seiner Meinung nach nur ein Deckmantel, mit dem sie sich selbst und andere täuschen.[73] Personen mit zwanghafter Persönlichkeitsstörung sind wenig emotional, eher kühl, wirken distanziert und es können „[...] eine ganze Reihe von Beziehungsmotiven in individueller Ausprägung und Kombination bei zwanghaften Personen zentral sein [...]".[74] Auch von Millon[75] und Sachse[76] wird die zwanghafte Persönlichkeitsstörung der Beziehungsstörung zugeordnet.

2.3.2   Behandlung der zwanghaften Persönlichkeitsstörung

Für die zwanghafte Persönlichkeitsstörung wird als Mittel der Wahl die Psychotherapie gesehen und diese kann zur Behandlung von z.B. Ängstlichkeit auch pharmakologisch unterstützt werden.[77] Wesentliches Ziel der Therapie ist, dass der*die Betroffene die

---

[68] Vgl. *Möller* et al. (2015).
[69] Vgl. *Endrass/Dieterich* (2020), S. 1188-1190.
[70] Vgl. *Schneider* (2017), S. 382.
[71] Vgl. *Millon* (1981), S. 216.
[72] Vgl. *Millon* (1981), S. 217.
[73] Vgl. *Millon* (1981), S. 217.
[74] *Schnell* (2016), S. 126.
[75] Vgl. *Millon* (1981), S. 218-219.
[76] Vgl. *Sachse* (2020), S. 11.
[77] Vgl. *Herpertz* et al. (2017), S. 374.

13

durch die zwanghafte Persönlichkeitsstörung auftretenden Probleme einsieht und alternative Handlungsmöglichkeiten, bzw. ein alternatives Interaktionsverhalten entwickelt.[78] Herausfordernd ist, dass die zwanghafte Persönlichkeitsstörung meist Ich-synton ist und „[…] die Patienten haben keine Vorstellung davon, dass sie ungünstige Schemata und ungünstiges Interaktionsverhalten aufweisen […]"[79]. Dieses Bewusstsein muss im Therapieprozess zunächst geschaffen werden. Dazu sind konfrontative Interventionen des*der Therapeut*en*in notwendig, um das Bewusstsein dafür beim Patienten, bzw. bei der Patientin dafür zu erzeugen. Bildet der*die Patient*in dieses Problembewusstsein aus, kann bei ihm*ihr eine Motivation zur Änderung entstehen.

3. Aufgabe C3 – Einstellungsänderung durch Warnhinweise/-bilder auf Zigarettenschachteln

3.1 Einstellungen: Bedeutung, Funktion und Komponenten

Eine Einstellung ist eine psychologische Tendenz, durch die es zu einer positiven oder negativen Bewertung gegenüber einer Person, Sache oder Situation kommt.[80] Sie ist vergleichbar mit einer Brille, durch die die Welt gesehen wird, denn nach dem Prinzip der selektiven Wahrnehmung, werden zur Vereinfachung der Informationsverarbeitung im Alltag je nach individueller Einstellung von Beginn an Informationen ausgefiltert, wodurch auch Lösungsmöglichkeiten und Handlungsspielräume begrenzt werden (z.B. können durch eine bestimmte negative Meinung/Überzeugung alle positiven Aspekte von der Person nicht mehr oder schwerer wahrgenommen werden).[81] Dies ist die kognitive Funktion. Außerdem haben Einstellungen auch eine motivationale Funktion, denn Einstellungen dienen der Zielerreichung und Verhaltenssteuerung – sie haben die Aufgabe unsere psychologischen Bedürfnisse zu befriedigen.[82]

Aus Bewertungen erfolgende Einstellungen haben drei Komponenten: [83] Die affektive (emotionale) Komponente ist die gefühlsbetonte Einstellung, bzw. Reaktion zum Einstellungsobjekt (z.B. Wut, Misstrauen, Ärger, Freude). Die intellektuelle (kognitive) Komponente sind Meinungen, Bewertungen über das Einstellungsobjekt (z.B. gefällt mir, gefällt mir nicht, mag ich, mag ich nicht) und die Verhaltenskomponente sind Verhaltensabsichten/-tendenzen sowie das tatsächliche Verhalten in Verbindung mit dem Einstellungsobjekt (z.B. weinen, umarmen, lachen). Diese Komponenten sind nicht

---

[78] Vgl. *Herpertz* et al. (2017), S. 374.
[79] *Herpertz* et al. (2017), S. 374.
[80] Vgl. *Eagly/Chaiken* (1993), S. 1.
[81] *Orth/Koch* (2018), S. 81.
[82] Vgl. *Haddock/Maio* (2014), S. 212.
[83] Vgl. *Rosenberg/Hovland* (1960), S. 1-14.

14

vollständig voneinander abgegrenzt, sondern haben zum Teil enge Beziehungen zueinander (z.B. die affektive mit der kognitiven Komponente).[84]

3.2 Einstellungsbildung

Rushton und Bons konnten durch Zwillingsstudien belegen, dass die Entstehung von Einstellungen genetisch bedingt sein kann, wenn auch nur zu einem eher geringen Teil.[85] Weiterhin können kognitive Einstellungen auch durch Reflexion, das bedeutet durch bewusstes Nachdenken über ein Einstellungsobjekt entstehen, indem vorwiegend vernunftbasierte, logische Kriterien herangezogen werden und auf dieser Grundlage beispielsweise bewusst Vor- und Nachteile abgewogen werden.[86] Ebenso können durch Gefühle und Werte ausgelöste affektive Einstellungen entstehen.

Gebildet werden diese affektiven Einstellungen in erster Linie durch klassische Konditionierung, nämlich dann, wenn ein angenehmer, positiver oder unangenehmer, negativer Reiz (Stimulus) mit dem Einstellungsobjekt zusammentrifft. Je nach Valenz des Reizes kann hieraus eine positive oder negative Einstellung entstehen.[87] Ein Beispiel für einen positiven Reiz wäre das gemeinsame Weihnachtsbacken in der Kindheit im Kreis der Familie, heute löst der Duft von Weihnachtsplätzchen angenehme Gefühle aus. Auch durch operante Konditionierung können Einstellungen entstehen, nämlich dann, wenn einstellungsrelevante Verhaltensweisen bestraft oder belohnt werden. So ist beispielsweise der Konsum von Tabak oder Alkohol zu Anfang kein Genuss, kann aber sukzessive durch soziale Belohnungen zu einem solchen werden (z.B. ermutigt werden durch Gleichaltrige und durch das Rauchen/Trinken akzeptiert sein in der Peer Group, wodurch sich ein Gefühl des Dazugehörens einstellt).[88] Neben den genetischen, kognitiven und affektiven Einstellungen kann auch die Beobachtung und Analyse des eigenen Verhaltens zu verhaltensbezogenen Einstellungen führen. Vor allem dann, wenn einem die eigene Einstellung nicht bewusst ist, kommt diese zum Tragen.[89] Diese Form der Einstellungsentstehung wird aber auch dann stattfinden, wenn ein Verhalten nicht plausibel erklärt werden kann oder wenn die Einstellung zu Beginn unklar, schwach oder mehrdeutig ist.[90] Beispielsweise wird eine Person danach gefragt, wie ihr der eben gekaufte Käse schmeckt. Diese Frage kann häufig nicht sofort

[84] Vgl. *Fischer/Wiswede* (2009), S. 289.
[85] Vgl. *Rushton/Bons* (2005), S. 555-559.
[86] Vgl. *Fischer* et al. (2018), S. 105.
[87] Vgl. *Fischer* et al. (2018), S. 105-106.
[88] Vgl. *Fischer* et al. (2018), S. 106.
[89] Vgl. *Fischer* et al. (2018), S. 106.
[90] Vgl. *Orth/Koch* (2018), S. 86.

beantwortet werden, wohingegen eine Entscheidung wegen des Preises, der Zutaten oder der umweltfreundlichen Verpackung eher sofort beantwortet werden könnte.

3.3 Diskussion: Einstellungsänderung durch abschreckende Fotos und Informationssätze auf Zigarettenpackungen

Einmal gebildete Einstellungen sind nicht lebenslang gleich, sondern können sich verändern.[91] Die Einstellung wird aber auch nicht einfach durch das Vorbringen logischer Argumente und Diskussion geändert. Für die Einstellungsänderung einer Person ist es besonders wichtig, dass diese Person davon ausgeht, dass ihre Einstellungen auf selbst getroffenen Entscheidungen beruhen und diese deshalb auch wieder von ihr geändert werden können.[92] Eine Einstellungsänderung kann erfolgen, wenn eine kognitive Dissonanz vorliegt: Eine Person weicht mit ihrem Handeln von ihrer Einstellung ab (z.B. die Person weiß um die schädliche Wirkung des Rauchens und trotzdem raucht sie). Es kann in der Folge dazu führen, dass diese Person nach außen ein weniger gutes Bild von sich erzeugt, beispielsweise die Mutter, die ihre Kinder zu einer gesundheitsbewussten Lebensführung erzieht und selbst aber raucht, denn dadurch kann die Glaubwürdigkeit der Mutter durch ihre Kinder angezweifelt werden. Den Umstand des Rauchens kann die betroffene Person aber auch nicht durch äußere Umstände wegrationalisieren, wodurch in ihr eine Dissonanz ausgelöst wird[93] und folglich ein unangenehmer motivationaler Zustand eintritt.[94] Aus diesem Grund wird die Person etwas von sich selbst ändern (z.B. ihre Einstellung oder ihr Verhalten) und damit erzeugt sie eine interne Rechtfertigung für sich, um ihren Selbstwert aufrechtzuerhalten.[95] Die schockierenden Bilder und/oder die Informationssätze auf den Zigarettenschachteln könnten durchaus dazu beitragen, dass Raucher immer wieder mit ihrem divergenten Handeln konfrontiert werden und sich sukzessive eine kognitive Dissonanz einstellt, wodurch eine Einstellungsänderung initiiert wird.

Will man die Einstellung vieler Menschen ändern, müsste man zu Mitteln wie der persuasiven Kommunikation greifen.[96] Die Persuasion (lat. 'persuadere' für ‚überreden, überzeugen) stellt das Bemühen dar, die Einstellungen von Personen zu verändern, indem dafür geeignete Botschaften zum Einsatz kommen.[97] Von entscheidender

---

[91] Vgl. *Fischer* et al. (2018), S. 108.
[92] Vgl. *Aronson* et al. (2014), S. 223.
[93] Vgl. *Aronson* et al. (2004), S. 236.
[94] Vgl. *Fischer* et al. (2018), S. 108.
[95] Vgl. *Aronson* et al. (2004), S. 198.
[96] Vgl. *Aronson* et al. (2004), S. 237.
[97] Vgl. *Werth* et al. (2020), S. 272.

Bedeutung ist dabei, dass durch bestimmte Faktoren die Wirkung erhöht werden kann, unabhängig vom Inhalt der Botschaft.[98] Experimente des Forscherteams Hovland, Janis und Kelley, die unter dem Begriff Yale-Studien bekannt wurden, konnten den Einfluss der kommunikativen Faktoren auf die Einstellungsänderung nachweisen. Einstellungsänderungen sind dann häufiger, wenn der Kommunikator (z.B. Übermittler einer Information) als vertrauenswürdig wahrgenommen wird.[99] Mit dem Bedrucken der Zigarettenschachteln wurde die EU-Tabakrichtlinie erfüllt, die das Europäische Parlament und die EU-Staaten im Jahr 2014 verabschiedeten.[100] Man kann also davon ausgehen, dass der Kommunikator durchaus als vertrauenswürdig wahrgenommen wird.

Eine Einstellungsänderung ist auch dann wahrscheinlicher, wenn die Kommunikationsinhalte Unsicherheit, aber keine starke Angst auslösen, denn dann würden Menschen in eine Abwehrhaltung treten, die hinderlich für eine Einstellungsänderung wäre.[101] Es ist aufgrund der Massivität dieser Schockbilder, die zurzeit auf den Zigarettenschachteln zu finden sind fraglich, ob nicht genau durch das angstauslösende Zeigen dieser Bilder bei einigen Menschen starke Angst ausgelöst wird, wodurch es bei ihnen eben gerade nicht zur Einstellungsänderung, sondern eher zur Abwehrhaltung kommt.

Warnhinweise auf Zigarettenpackungen wirken sich nach einer Studie von Loken und Howard-Pitney unterschiedlich auf die Produktwahrnehmung aus: Zigarettenschachteln mit spezifischen Informationen (z.B. Rauchen trägt entscheidend zur Erhöhung Ihres Herzinfarktriskos bei) wurden im Vergleich zu den allgemeinen Warnhinweisen (z.B. Rauchen gefährdet Ihre Gesundheit) als weniger attraktiv und überzeugender wahrgenommen, vor allem bei Rauchern selbst.[102] Spezifische Informationen beeinflussen demnach die affektiven gedanklichen Prozesse stärker als abstrakte Informationen. Die spezifischen, abschreckenden Fotos können daher beeinflussend auf die affektive Komponente (gefühlsbetonte Einstellung) der Personen wirken.

Der Deutsche Bundestag veröffentlichte im Jahr 2017 eine Dokumentation zur Wirksamkeit von bildlichen Warnhinweisen auf Zigarettenpackungen. Etliche weltweit durchgeführte Studien wurden hierzu zitiert und es konnte nachgewiesen werden, dass bildliche Warnhinweise aufgrund der u.a. emotionalen Wirkung effizienter sind als

---

[98] Vgl. *Werth* et al. (2020), S. 274-278.
[99] Vgl. *Fischer* et al. (2018), S. 104.
[100] Vgl. *Europäische Kommission* (2016).
[101] Vgl. *Fischer* et al. (2018), S. 104.
[102] Vgl. *Loken/Howard-Pitney* (1988), S. 378-382.

textliche Warnhinweise. Es zeigte sich auch, dass vor allem die Entscheidung der Jugendlichen beeinflusst werden kann, die schließlich davor bewahrt werden können, überhaupt mit dem Rauchen zu beginnen. Dass jedoch die Warnbilder zur Reduktion, bzw. dem Beenden des Tabakkonsums verantwortlich sind, konnte bis dato, bis auf eine einzige Studie aus dem Iran, nicht nachgewiesen werden, da hierfür auch andere Faktoren (z.B. höhere Steuern) eine Rolle spielen könnten.[103] Betrachtet man die zuvor in dieser Arbeit dargestellten einzelnen Komponenten und Faktoren, die durch die Warnbilder und/oder Informationssätze beeinflusst werden und zu einer Einstellungsänderung führen könnten, so kann auch nicht davon ausgegangen werden, dass sich die Einstellung zum Rauchen durch die Bilder und Warnhinweise sicher verändert. Aber aus meiner Sicht trägt es einen wichtigen Teil zum Nichtrauchen bei, da es zumindest -wenn auch geringe- Effekte mit sich bringt und zum Nichtrauchen führen könnte.

---

[103] Vgl. *Deutscher Bundestag* (2017), S. 1–18.

4. Literaturverzeichnis

Aronson, E./Wilson, T./Akert, R. M. (2004), Sozialpsychologie, 4. Aufl., München.

Aronson, E./Wilson, T. D./Akert, R. M. (2014), Sozialpsychologie, 8. Aufl., Hallbergmoos.

Asch, S. E. (1956), Studies of independence and conformity: I. A minority of one against a unanimous majority., Psychological Monographs: General and Applied, 70. Jg., Nr. 9, S. 1–70. doi:10.1037/h0093718.

Barnow, S./Miano, A. (2020), Persönlichkeitsstörungen. In: *Hoyer, J./Knappe, S.* (Hrsg.), Klinische Psychologie & Psychotherapie, Berlin, Heidelberg.

Becker, B. (2014), Studienbrief. Praxisfelder der Differentiellen und Persönlichkeitspsychologie, Titel-Nr. 1106-01, Riedlingen.

Berzewski, H. (2009), Der psychiatrische Notfall. Mit 34 Tabellen und 72 Übersichten, 3. Aufl., Heidelberg.

Deutscher Bundestag (2017), Wirksamkeit von bildlichen Warnhinweisen auf Zigarettenpackungen. In: https://www.bundestag.de/resource/blob/511122/ 8ae51b807ef2d0ebd58e4f4747c4bee7/wd-5-024-17-pdf-data.pdf, abgerufen am 15. 6. 2021.

Dorsch (2021a), Emotionen, primäre. Lexikon der Psychologie. In: https:// dorsch.hogrefe.com/stichwort/emotionen-primaere, abgerufen am 29. 5. 2021.

Dorsch (2021b), Persönlichkeitsfaktor. Lexikon der Psychologie. In: https:// dorsch.hogrefe.com/stichwort/persoenlichkeitsfaktor, abgerufen am 4. 6. 2021.

Dorsch (2021c), State Trait Anxiety Inventory (STAI). Lexikon der Psychologie. In: https://dorsch.hogrefe.com/stichwort/state-trait-anxiety-inventory-stai, abgerufen am 29. 5. 2021.

Eagly, A. H./Chaiken, S. (1993), The psychology of attitudes, Belmont.

Eckardt, G. (2017), Persönlichkeits- und Differentielle Psychologie, Wiesbaden. doi:10.1007/978-3-658-13942-1.

Endrass, T./Dieterich, R. (2020), Zwangsstörungen. In: *Hoyer, J./Knappe, S.* (Hrsg.), Klinische Psychologie & Psychotherapie, Berlin, Heidelberg, S. 1183–1198.

Europäische Kommission (2016), Neue Tabak-Regeln gelten in allen EU-Ländern. In: https://ec.europa.eu/germany/news/neue-tabak-regeln-gelten-allen-eu-l%C3%A4ndern_de, abgerufen am 15. 6. 2021.

Fischer, L./Wiswede, G. (2009), Grundlagen der Sozialpsychologie, 3. Aufl., Berlin/Boston.

Fischer, P./Jander, K./Krueger, J. (2018), Sozialpsychologie für Bachelor, 2. Aufl., Berlin, Heidelberg. doi:10.1007/978-3-662-56739-5.

Freud, S. (1926), Hemmung, Symptom und Angst, urheberrechtsfreie eBook Ausgabe.

Gerrig, R. J. (2018), Psychologie, 21. Aufl., Hallbergmoos.

Haddock, G./Maio, G. R. (2014), Einstellungen. In: *Jonas, K./Stroebe, W./Hewstone, M.* (Hrsg.), Sozialpsychologie, 6. Aufl., Berlin, Heidelberg, S. 197-228.

Hensch, T./Strobel, A. (2020), Differentiellpsychologishe Perspektive in der Klinischen Psychologie. In: *Hoyer, J./Knappe, S.* (Hrsg.), Klinische Psychologie & Psychotherapie, Berlin, Heidelberg, S. 189–212.

Herpertz, S./Caspar, F./Lieb, K. (2017), Psychotherapie. Funktions- und Störungsorientiertes Vorgehen.

Hewstone, M./Martin, R. (2014), Sozialer Einfluss. In: *Jonas, K./Stroebe, W./Hewstone, M.* (Hrsg.), Sozialpsychologie, 6. Aufl., Berlin, Heidelberg, S. 693–805. doi:10.1007/978-3-642-41091-8.

Kessler, T./Fritsche, I. (2018), Sozialpsychologie, Wiesbaden. doi:10.1007/978-3-531-93436-5.

Lambert, M. (2021), Diagnostik und Therapie der Persönlichkeitsstörungen. (ICD-10: F6). In: file://C:/Users/Claudia/Downloads/f2.diagnostik_und_therapie_der_ persoenlichkeitsstoerungen.pdf, abgerufen am 5. 6. 2021.

Laux, L. (2008), Persönlichkeitspsychologie, 2. Aufl., Stuttgart.

Loken, B./Howard-Pitney, B. (1988), Effectiveness of Cigarette Advertisements on Women: An experimental study., Journal of Applied Psychology, Nr. 73, S. 378–382.

Malik, F. (2014), Führen, leisten, leben. Wirksames Management für eine neue Zeit, Frankfurt am Main.

Martin, A./Rief, W. (2020), Somatoforme Störungen. In: *Hoyer, J./Knappe, S.* (Hrsg.), Klinische Psychologie & Psychotherapie, Berlin, Heidelberg, S. 1199–1220.

Millon, T. (1981), Disorders of Personality. DSM-III, Axis II, 2. Aufl., New York.

Möller, H.-J./Laux, G./Deister, A. (2015), Psychiatrie, Psychosomatik und Psychotherapie. In: https://eref.thieme.de.bfdproxy48.bfd-online.de/ebooks/ 1121155?fromSearch=true&context=search. doi:10.1055/b-003-120842.

Neukom, M. (2016), Angst Bedingung des Mensch-Seins. In: *Lewkowicz, E.-M./West-Leuer, B.* (Hrsg.), Führung und Gefühl, Berlin, Heidelberg, S. 67–80.

Orth, H./Koch, A. (2018), Studienbrief. Sozialpsychologie, Nr. 0774-02, Riedlingen.

Rosenberg, M. J./Hovland, C. I. (1960), Cognitive, affective, and behavioral Components of Attitudes. In: *Rosenberg, M. J./Hovland, C. I./McGuire, W. J./Abelson, R. P./Brehm, J. W.* (Hrsg.), Attitude organization and change;. An analysis of consistency among attitude components, by Milton J. Rosenberg [and others], New Haven, S. 1–14.

Rushton, J. P./Bons, T. A. (2005), Mate Choice and Friendship in Twins: Evidence for Genetic Similarity, Psychological science, 16. Jg., Nr. 7, S. 555–559. doi:10.1111/j.0956-7976.2005.01574.x.

Sachse, R. (2020), Persönlichkeitsstörungen verstehen. Zum Umgang mit schwierigen Klienten, 11. Aufl., Köln.

Schmitt, M./Altstötter-Gleich, C. (2010), Differentielle Psychologie und Persönlichkeitspsychologie kompakt. [Online-Materialien], Weinheim, Basel.

Schneider, F. (2017), Facharztwissen Psychiatrie, Psychosomatik und Psychotherapie, Berlin, Heidelberg. doi:10.1007/978-3-662-50345-4.

Schnell, T. (Hrsg.) (2016), Praxisbuch: Moderne Psychotherapie, Berlin, Heidelberg.

Spektrum der Wissenschaft (2021), EMAS. Lexikon der Psychologie. In: https://www.spektrum.de/lexikon/psychologie/emas/4011, abgerufen am 1. 6. 2021.

Thomas, A. (1992), Grundriß der Sozialpsychologie. Band 2: Individuum - Gruppe - Gesellschaft, Göttingen.

Werth, L./Denzler, M./Mayer, J. (2020), Sozialpsychologie – Das Individuum im sozialen Kontext. Wahrnehmen - Denken - Fühlen, 2. Aufl., Berlin, Heidelberg. doi:10.1007/978-3-662-53897-5.

BEI GRIN MACHT SICH IHR WISSEN BEZAHLT

- Wir veröffentlichen Ihre Hausarbeit, Bachelor- und Masterarbeit

- Ihr eigenes eBook und Buch - weltweit in allen wichtigen Shops

- Verdienen Sie an jedem Verkauf

Jetzt bei www.GRIN.com hochladen und kostenlos publizieren